발타자르 그라시안
## 세상을 보는 지혜

| | |
|---|---|
| 초판 1쇄 인쇄 | 2025년 9월 26일 |
| 초판 1쇄 발행 | 2025년 10월 7일 |

지은이 | 발타자르 그라시안
옮긴이 | 이진
펴낸이 | 구본건
펴낸곳 | 비바체

주소 | (07668) 서울, 강서구 등촌로39길 23-10, 202호
전화 | 070-7868-7849
팩스 | 0504-424-7849
전자우편 | vivacebook@naver.com

@비바체
ISBN 979-11-93221-37-2
잘못 만들어진 책은 구입처에서 교환 가능합니다.

# 발타자르 그라시안
# 세상을 보는 지혜

### ✦ 필사책 ✦

발타자르 그라시안 지음 | 이진 엮음

## 인간관계와 처세에 대한
## 너무나도 현실적인 통찰

VIVA체

*wisdom to see the world*

## 인간의 본성을 날카롭게 꿰뚫는
## 발타자르 그라시안

1601년, 기울어가는 에스파냐 제국에서 의사의 아들로 태어난 발타자르 그라시안은 18세 때 예수회 신부가 되었다. 풍부한 식견과 지혜를 바탕으로 펼친 강의로 큰 명성을 얻은 그는 인간을 날카로운 이성으로 집요하게 파고들었다.

그라시안은 인간을 그리 위대한 존재로 여기지 않았다. 그의 눈에 인간은 이기적인 데다 허세와 허풍이 심하고, 변덕이 죽 끓듯 하는 피조물에 불과했다. 그리하여 인간에 대한 조금의 미화도 없이, 그는 이러한 속성을 가진 사람들과 맞물려 살아갈 때 발휘해야 할 현자의 자세를 담담하게 풀어냈다. 그의 결론은 다음과 같다.

현명해져라, 꼭 필요한 만큼만 예의를 갖추는 게 바로 현명한 것이다.

## Baltasar Gracián

그리하면 성공이 보장될 것이요,
그리하면 사람들이 너를 완전하다 여길 것이다!

그라시안은 현실 비판적인 태도 때문에 예수회에서 수차례 제명당할 위기에 처하곤 했다. 그러나 신부로서 탁월한 역량을 발휘하며 그 위기들을 극복했다. 결국 그는 에스파냐 국왕의 고문으로 발탁되어 마드리드 궁정에서 철학을 강의하기까지 했다. 발타자르 그라시안은 삶의 지혜란 일상에 적용할 수 있는 것이어야 한다고 보았다. 그의 저서들이 수많은 처세술 서적 중에서 오랫동안 상위를 차지하는 까닭이 바로 이것이다.
이 책은 어두운 속성을 지닌 약점투성이 인간들을 어떻게 대해야 하는지, 이해타산을 따지는 위선자들의 마음을 어떻게 파악하고 세상을 헤쳐 나아가야 하는지 등 그에 대한 지혜를 담고 있다. 이 책을 통해 우리는 합리적인 삶을 살아가는 법을 깨달을 것이다. 더불어 그라시안이 과감하게 드러낸 인간의 여러 속성을 통해 우리 자신의 모습 또한 돌아볼 것이다.

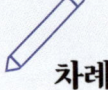

## 차례

### ✦ 모두가 옳다고 하는 것은 옳다 ✦

- 001 나를 알아야 하는 이유 · 12
- 002 장점은 조금씩 자주 · 14
- 003 재미있는 사람이라는 평판 · 16
- 004 장점을 말할 때에는 짧게 · 18
- 005 자화자찬과 자기비난 사이에서 · 20
- 006 잎사귀만 무성한 나무 · 22
- 007 누구를 명예롭게 할까 · 24
- 008 너무 오래 주저하는 실수 · 26
- 009 본다고 다 눈을 뜬 것이랴 · 28
- 010 보이는 것으로 평가받으라 · 30
- 011 오래 사는 비결 · 32
- 012 모두가 옳다고 하는 것은 옳다 · 34
- 013 차라리 모른다고 하라 · 36
- 014 지나간 것들이 정말로 좋았을까 · 38
- 015 석연치 않은 일에는 · 40
- 016 일말의 은밀함을 남겨야 하는 이유 · 42
- 017 누군가 나를 지켜본다 · 44
- 018 능력 있는 사람의 봉인 · 46
- 019 굳이 이기려 말라 · 48

### ✦ 밑천을 드러내지 말라 ✦

- 020 마지막까지 짜내지 말라 · 52
- 021 마지막까지 쥐어야 할 무기 · 54
- 022 밑천을 드러내지 말라 · 56
- 023 나를 빛내줄 사람들과 · 58
- 024 전부 보여주지도, 쓰지도 · 60
- 025 패를 다 까는 것은 · 62
- 026 결점과 실수는 감추는 것이 · 64
- 027 잊을 줄 아는 사람 · 66
- 028 약점을 장신구처럼 · 68
- 029 소심하거나, 멍청하거나 · 70
- 030 거짓 예의라는 함정 · 72
- 031 믿을 사람, 믿어주는 사람 · 74
- 032 하찮은 도구라도 · 76
- 033 간절히 원할 때 다가가라 · 78
- 034 오늘 사양했던 물이라도 · 80
- 035 과장과 거짓말의 거리 · 82
- 036 귀를 믿을까, 눈을 믿을까 · 84
- 037 인내의 위대함 · 86
- 038 잘 감추는 능력 · 88
- 039 알면서도 모르는 척 · 90

## ✦ 상처를 드러내야 할까? ✦

- 040 적이라고 해롭기만 하랴 · 94
- 041 혼자만 좋으면 무슨 소용 · 96
- 042 불행을 함께 나눌 누군가 · 98
- 043 잘났으면 얼마나 잘났으랴 · 100
- 044 화를 멈추는 방법 · 102
- 045 지루한 사람이란 · 104
- 046 상처를 드러내야 할까? · 106
- 047 불평꾼의 실체 · 108
- 048 매사 유언처럼 한다면? · 110
- 049 비밀은 듣지도 말하지도 · 112
- 050 우정은 환기구다 · 114
- 051 독이 없으면 해독제도 필요 없다 · 116
- 052 험담은 듣는 귀가 몇 개? · 118
- 053 오늘의 친구가 내일은 적 · 120
- 054 잃을 것이 없는 사람과는 · 122
- 055 뻴기에 사람의 끈기 · 124
- 056 고집은 감정의 소산 · 126
- 057 나를 지배하는 평화 · 128

## ✦ 인품이 직위를 능가하도록 ✦

- 058 명중이 중요하랴 · 132
- 059 완전히 충족시키지 말라 · 134
- 060 장점을, 장점만 · 136
- 061 취향의 역할 · 138
- 062 마음의 소리가 들려주는 말 · 140
- 063 나쁜 친구는 없다 · 142
- 064 쉬운 사람이 돼라 · 144
- 065 내 행운의 별은 · 146
- 066 받고 싶은 만큼 베풀라 · 148
- 067 예의는 과할 정도로 · 150
- 068 인품이 직위를 능가하도록 · 152
- 069 앞서 오는 것은 거짓이다 · 154
- 070 호의를 얻으면 만사형통 · 156
- 071 차라리 남과 어울리는 바보가 · 158
- 072 차라리 입을 다무는 편이 · 160
- 073 칭찬의 기술 · 162
- 074 전부 다 말하지 말라 · 164
- 075 항상 여지를 남겨라 · 166

### ✦ 호의를 베푸는 기술 ✦

- 091 행복할 때 불행할 때를 · 202
- 092 비난 받는 것의 가치 · 204
- 093 나에게 의존하게 하라 · 206
- 094 호감이냐, 취향이냐 · 208
- 095 진짜 기품이란 · 210
- 096 아름다움도 가꾸지 않으면 · 212
- 097 매력의 효용 · 214
- 098 행간에 숨은 뜻 · 216
- 099 사람을 움직이는 기술 · 218
- 100 호의를 베푸는 기술 · 220
- 101 존경에서 나오는 애정을 · 222
- 102 행복과 명성의 차이 · 224
- 103 침착한 태도, 차분한 권위 · 226
- 104 과시의 기술 · 228
- 105 남들이 말하게 하라 · 230
- 106 말의 무게 · 232
- 107 훈수하는 사람을 두라 · 234
- 108 존경심은 타인이 주는 것 · 236

### ✦ 여우털이라도 뒤집어쓰라 ✦

- 076 행복으로 가는 방법 · 170
- 077 아름다운 퇴장 · 172
- 078 어리석은 사람의 일처리 순서 · 174
- 079 냉정과 절제 사이 · 176
- 080 여우털이라도 뒤집어쓰라 · 178
- 081 확신인가, 고집인가 · 180
- 082 나를 돌아보는 사람은 흔들리지 않는다 · 182
- 083 살피고 맞춰주라 · 184
- 084 언제나 실패할 수 있다 … 186
- 085 쉬운 일은 어려운 일처럼 · 188
- 086 매사 경중을 따지라 · 190
- 087 그저 기다려야 할 때도 · 192
- 088 혀는 잡아 가두기 어렵다 · 194
- 089 부탁의 기술 · 196
- 090 거절하는 기술 · 198

## ✦ 기준은 나 자신 ✦

- 109 최고의 상태는 평정심 • 240
- 110 숫자 0의 마법 • 242
- 111 행복은 때이다 • 244
- 112 말은 명료하게, 생생하게 … 246
- 113 여행의 셋째 날은 • 248
- 114 장광설과 논쟁 사이 • 250
- 115 물러설 줄 아는 사람 • 252
- 116 화살은 몸을 뚫지만 • 254
- 117 나를 욕하는 사람을 칭찬하라 • 256
- 118 사람을 볼 줄 안다는 것 • 258
- 119 기준은 나 자신 • 260

## ✦ 불행은 홀로 오지 않는다 ✦

- 120 먼 미래를 근심하는 사람 • 264
- 121 차라리 혼자 있으라 • 266
- 122 불행은 홀로 오지 않는다 • 268
- 123 물건을 소유하는 성가심 • 270
- 124 말없이, 남들이 알아채 • 272
- 125 베개는 말 없는 예언자 • 274
- 126 진실한 것은 늘 깊은 곳에 • 276
- 127 너무 많은 증거가 필요한 일은 • 278
- 128 쓸모 없는 지식이란 없다 • 280
- 129 행복한 퇴장이 중요하다 • 282
- 130 올바른 순서는 진리다 • 284

좋은 점을 찾아낼 수 없다면

비판을 잠시 멈추라.

그로써 장점을 찾아내지 못하는

자신의 무능함을 감출 수 있다.

모두가 옳다고 하는 것은
옳다

 *001*

## 나를 알아야 하는
## 이유

자기 자신을 알아야 한다.

스스로에 대해 제대로 알지 못하면
자신을 통제할 수 없다.

*Baltasar Gracián*

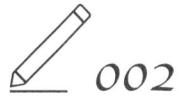 002

## 장점은
## 조금씩 자주

자신의 장점을 상대방에게 보여주는 데에도
기술이 필요하다.

장점은 조금씩,
그리고 자주 보여주어야 한다.

*Baltasar Gracián*

 003

## 재미있는 사람이라는
## 평판

늘 농담만 일삼는다는 인상을

주어서는 안 된다.

현명한 사람이라는 신망을 버리면서까지

재미있는 사람이라는 평판을 얻으려 하지 말라.

Baltasar Gracián

 *004*

## 장점을 말할 때에는
## 짧게

말이 길어지면 자칫 무례가 될 수 있다.

장점을 짧은 말로 소개하면 그 효과는 두 배가 된다.

지혜로운 이는 남에게 부담이 되지 않으려고

주의를 기울인다.

*wisdom to see the world*

*Baltasar Gracián*

 005

## 자화자찬과 자기비난
## 사이에서

자기 자신에 대해 언급하지 말라.
자신에 대한 이야기는 둘 중 하나이다.
허영심 가득한 자화자찬이거나
소심함에서 나온 자기비난이거나.

어리석은 말은 듣는 이에게 고역이다.

*Baltasar Gracián*

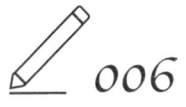 006

## 잎사귀만 무성한
## 나무

말은 바람과 같아서 끼니를 책임져주지 못하고,
행동은 예의를 갖춘 허상에 불과하므로
삶을 책임져주지 못한다.

말은 행동의 근간이 될 때 비로소 그 쓸모가 있다.
잎사귀만 무성할 뿐
열매를 맺지 않는 나무를 어디에 쓰랴.

*Baltasar Gracián*

 *007*

# 누구를
# 명예롭게 할까

말은 유창하게 하고, 행동은 성실하게 하라.

전자는 머리의 완벽함을,

후자는 마음의 완벽함을 보여주는 증거다.

내가 명예로워지는 것이 나을까,

남을 명예롭게 만드는 것이 나을까?

행동은 생각의 열매다.

현명하게 생각했다면 행동은 성공으로 이어진다.

*wisdom to see the world*

*Baltasar Gracián*

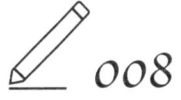
008

## 너무 오래 주저하는 실수

숙고하지 않은 채 성급히 행동하는 것은 옳지 않지만,
순식간에 실천하는 행동력이 있어야 한다.
현명한 이들은 너무 오래 주저하는 실수를
저지르기도 한다.

오늘 할 일을 내일로 미루지 않는 것만으로도
이미 많은 일을 한 것이다.

*Baltasar Gracián*

 *009*

## 본다고
## 다 눈을 뜬 것이랴

무언가를 보고 있다 해서
늘 눈뜨고 있다고 말할 수 없다.

주변을 둘러본다고 해서
그것을 제대로 관찰하고 있다고 할 수도 없다.

의지가 결여된 지성에 무언가를 가르치기란
얼마나 어려운 일인가.
지성이 결여된 의지에 무언가를 가르치기란
더더욱 어려운 노릇이다.

*wisdom to see the world*

*Baltasar Gracián*

 010

## 보이는 것으로 평가받으라

실제로 행동하고
그 행동을 남들이 보게 하라.

차라리 '보이는 것'으로 평가받으라.
남들이 볼 수 없는 건
존재하지 않는 것이나 마찬가지다.

아무리 올바르더라도
올바르게 보이지 않는다면
그에 걸맞은 존경심을 받을 수 없다.

*wisdom to see the world*

*Baltasar Gracián*

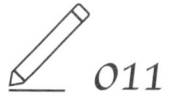 011

## 오래 사는
## 비결

오래 사는 비결은 올바른 삶을 사는 것이다.

어리석은 자들은 삶을 유지하는 데
필요한 지성을 갖추지 못했고,
방탕한 자들은 삶을 유지할 의지가 빈약하다.

*Baltasar Gracián*

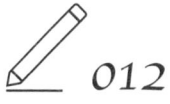
*012*

## 모두가 옳다고 하는 것은
## 옳다

많은 사람이 좋아하는 것에는
좋은 점이 있게 마련이다.

남다른 취향은 사람들의 미움을 사기 쉽다.
어느 것에 대해서 좋은 점을 찾아낼 수 없다면
비판을 잠시 멈추라.
그로써 장점을 찾아내지 못하는
자신의 무능함을 감출 수 있다.

모두가 옳다고 하는 것은 결국 옳다.
혹은 언젠가는 옳은 것이 되고 만다.

*wisdom to see the world*

*Baltasar Gracián*

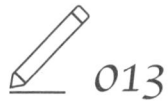 013

## 차라리
## 모른다고 하라

진실로 위대한 이들은

때때로 모르쇠를 잡는다.

아무것도 모르는 체하거나

모른다고 잡아떼는 것이

최상의 지혜인 경우가 있기 때문이다.

어리석은 자 앞에서 지혜를 드러내거나

슬기롭지 못한 자 앞에서 현명함을 드러내는 것은

도움 되지 않는다.

사람을 가려 상황에 맞는 언어를 구사하라.

*wisdom to see the world*

*Baltasar Gracián*

 014

# 지나간 것들이
# 정말로 좋았을까

지나간 것들은 모두 다 좋았고,

아직 닥치지 않은 것들 모두 다 좋을 것이라는

생각 역시 착각에 불과하다.


무조건 즐거워하는 자 또한

무조건 슬퍼하는 자만큼이나 바보다.

*Baltasar Gracián*

015

## 석연치 않은
## 일에는

의심이 든다면

절대 그 일을 실행해서는 안 된다.

무모하다고 생각되는 일에 뛰어들지 말라.

석연찮은 일에는 뛰어들지 않는 편이 지혜롭다.

마음이 흔들리고 의심이 깃든 상태에서 내린

결정들로부터 어떤 결과를 기대한단 말인가?

*wisdom to see the world*

Baltasar Gracián

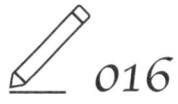 016

## 일말의 은밀함을
## 남겨야 하는 이유

매사에 일말의 은밀함은 남겨두어야 한다.
심지어 자신의 의사를 밝히는 순간에도
너무 확실한 표현은 피해야 한다.

신중한 침묵은
오히려 현명함의 깊이를 가늠하지 못하게 해
기대감을 이끌어낸다.

기대감을 자극해
사람들의 추측과 불안감을 유지시켜라.

*Baltasar Gracián*

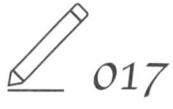 017

## 누군가
## 나를 지켜본다

늘 누군가가 나를 주시하고 있다 가정하고 행동하라.

혼자 있을 때도 온 세계의 이목이
자신에게 집중된 것처럼 처신하라.

*Baltasar Gracián*

 018

## 능력 있는 사람의
## 봉인

과묵함은 능력 있는 자의 봉인과 다름없다.
비밀이 없는 가슴은 뜯겨서 내용이 드러난 편지와 같다.

과묵함은 위대한 자제력에서 비롯된다.
행동으로 해야 할 일은 말로 할 필요가 없고,
말로 해야 할 일은 행동으로 할 필요가 없다.

*Baltasar Gracián*

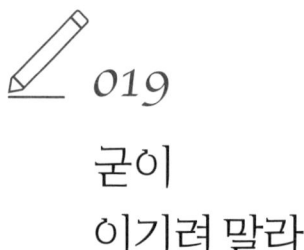
019

# 굳이
# 이기려 말라

굳이 윗사람을 이기려고 해서는 안 된다.

신중한 사람은 허름한 옷으로 뛰어난 외모를 숨기면서 윗사람에게 없는 자기만의 장점을 잘 감출 줄 안다.

*Baltasar Gracián*

최후의 비법은
나만의 것으로 간직해야 한다.
매사에 여유분을 비축해야 한다는 것은
삶의 수칙이요, 승리의 비법이다.

# 밑천을 드러내지 말라

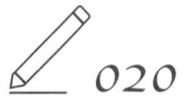 020

## 마지막까지
## 짜내지 말라

숨김없이 다 보여주어서는 안 된다.
모든 것을 다 드러내는 순간,
가장 정당한 것도 부당한 걸로 취급받을 수 있다.

오렌지를 끝까지 짜면 마지막에는 쓴맛만 남는다.
무언가를 즐길 때 절대 한계 지점까지
치달아서는 안 된다.

*Baltasar Gracián*

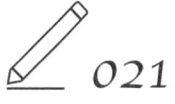 021

## 마지막까지
## 쥐어야 할 무기

위기에 처했을 때 대담한 심장보다
더 든든한 동반자는 없다.

운명이 나를 극한으로 몰아붙여도
내 손에 쥔 무기까지 내주어서는 안 된다.
도리어 꾹 움켜쥐어야 한다.

무기를 내주고 나면
도저히 극복할 수 없을 불행이 덮치리니.

*Baltasar Gracián*

022

# 밑천을 드러내지
# 말라

최후의 비법은

나만의 것으로 간직해야 한다.

기술을 가르칠 때는 기술만 가르쳐야 한다.

지식의 원천을 내보이거나

지식을 전달하는 기술의 밑천까지

다 드러내서는 안 된다.

매사에 여유분을 비축해야 한다는 것은

삶의 수칙이요, 승리의 비법이다.

*wisdom to see the world*

*Baltasar Gracián*

 023

# 나를 빛내줄
# 사람들과

나를 음지로 내몰 자들과 어울리지 말라.
너무 위대한 자 곁에 있으면
나는 조연밖에 할 수 없다.

내 위에 어둠을 드리울 자들과
어울리지 말라.

나를 빛내주는 자들과 어울려라.

*Baltasar Gracián*

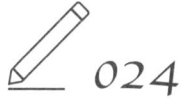
024

## 전부 보여주지도,
## 쓰지도

사람들에게 내가 지닌 것 전부를
보여주어서는 안 된다.
또한 지금 당장 필요한 힘 이상을
소모할 필요도 없다.

지식이든 노동이든
딱 필요한 만큼만 쓰면 된다.

*Baltasar Gracián*

 025

패를
다 까는 것은

자신의 격한 감정을 잘 포장하는 기술이야말로
가장 실용적인 지식이다.

자신이 가진 패를 다 공개하는 것은
게임에 지려고 작정한 것과 다름없다.

*Baltasar Gracián*

026

## 결점과 실수는
## 감추는 것이

현명한 이는 실수를 감출 줄 안다.

행동을 드러내는 것보다는 감춤으로써
좋은 평판을 얻을 수 있다.

*Baltasar Gracián*

 027

## 잊을 줄 아는
## 사람

잊을 줄 아는 사람이 되어야 한다.
전혀 필요 없을 때 가장 잘 발휘된다는 것도
기억력이 지닌 특성이다.

기억력은 부끄러운 일에서
최고의 세밀함을 자랑하고,
자꾸만 떠올리고 싶은 일에서
최고의 나태함을 자랑한다.

*Baltasar Gracián*

 028

## 약점을
## 장신구처럼

고민거리가 없는 이가 얼마나 될까.
차라리 그러한 고통을 쉽게 치유된다고 믿고
오히려 그 고통을 즐겨야 한다.

카이사르가 신체적 약점을 월계관으로 가린 것처럼
얼룩을 장신구로 보이게 만들라.

*Baltasar Gracián*

029

## 소심하거나,
## 멍청하거나

자신의 현재 모습에 불만을 품는 것은
소심하다는 뜻이고,
만족한다는 것은 멍청하다는 뜻이다.

사람들로 하여금
어느 정도 의심을 품게 만드는 것이 현명하다.

왜 공허한 자기만족을 싹틔우고 꽃피우고
그 씨앗을 여기저기에 흩뿌리는가?

*wisdom to see the world*

*Baltasar Gracián*

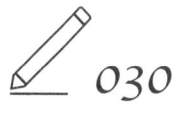 *030*

# 거짓 예의라는
# 함정

테살리아 들판의 약초를 사용하지 않고도

마법을 부리는 자들이 있다.

그들은 모자를 벗어 경의를 표함으로써

상대를 자만심에 빠지게 한다.

진정한 예의는 의무감에서 비롯된다.

아무짝에도 쓸모없는 거짓 예의는

사기에 불과하다.

*Baltasar Gracián*

*031*

## 믿을 사람,
## 믿어주는 사람

무언가를 쉽게 믿지 말라.

무언가를 쉽게 좋아하지도 말라.

그런데 이보다 더 끔찍한 일이 있다.

바로 상대방을 믿지 못함으로써

자신이 거짓말쟁이가 될 수 있다는 것이다.


믿을 사람이 없으니 한 번 괴롭고,

나를 믿어주는 사람이 없으니 두 번 괴롭다.

*Baltasar Gracián*

032

## 하찮은
## 도구라도

누군가에게 의무감을 부여하는 것은

큰 수고를 필요로 하지 않지만

많은 이익을 얻을 수 있는 장치다.

아무리 하찮은 도구라도

내 손에 없으면 아쉽기 마련이다.

*Baltasar Gracián*

 033

## 간절히 원할 때
## 다가가라

성가시게 구는 자가 되어서는 안 된다.
그래야 남들이 나를 피하지 않는다.

남들이 내 가치를 알아주기 바란다면
먼저 나 자신을 소중히 여겨야 한다.

누군가가 나를 절실히 보고 싶어 할 때
비로소 그에게 다가가야 한다.

*wisdom to see the world*

*Baltasar Gracián*

034

## 오늘 사양했던
## 물이라도

시간과 기회는 사람을 기다려주지 않는다.

미리 세운 계획도
시간과 상황에 따라 변경해야 할 수 있다.
어떤 계획을 세워놓았다고
그 계획을 끝내 고집해서는 안 된다.
오늘 사양했던 물을 내일 마셔야 하는 상황이
올 수도 있기 때문이다.

*Baltasar Gracián*

 035

# 과장과
# 거짓말의 거리

물건의 가치가 그 가격에 합당하지 않다는
사실이 드러나면 실망한 이들은 등을 돌린다.
과장은 거짓말과 사촌지간이다.

어떤 것에 대해 과장하다가는
훌륭한 취향을 지녔다는 값진 평판을 잃는다.

*wisdom to see the world*

*Baltasar Gracián*

 036

## 귀를 믿을까,
## 눈을 믿을까

귀는 진실의 쪽문이요,

거짓의 현관이다.

진실은 아주 예외적인 경우를 빼고는

귀가 아니라 눈을 통해 접한다.

*Baltasar Gracián*

037

# 인내의 위대함

펠리페 2세*는 이렇게 말했다.
"나에게 시간을 더하면 두 사람과 맞설 수 있다."

매사에 기다릴 줄 알아야 한다.
급히 서두르지 않고,
감정적으로 행동하지 않을 만큼의
참을성을 지녔다는 것은
위대한 정신의 소유자라는 증거다.

먼저 자기 자신을 지배해야
타인도 지배할 수 있다.

---

* 펠리페 2세: 에스파냐의 왕이자 포르투갈의 왕으로, 에스파냐의 황금시대라 불리는 최전성기를 이끌었다.

*wisdom to see the world*

*Baltasar Gracián*

 038

## 잘 감추는
## 능력

교활함을 역이용하라.

단, 이를 악용해서는 안 된다.

남의 교활함에 빠지지 않도록 주의하라.

자신의 교활함을 남들이 알게 해서는 더더욱 안 된다.

모든 위장술의 진가는 잘 감출 때 발휘된다.

*Baltasar Gracián*

039

# 알면서도
# 모르는 척

해명을 요구하지 않는 자에게는 변명할 필요가 없다.
남이 요구하지 않았는데도 자발적으로 사과를 한다면,
이는 잠자고 있던 불신을 깨우는 것에 다름 아니다.

현명한 이들은 상대방이 자신에 대해
의심의 눈초리를 보내고 있다는 것조차
모르는 척한다.

*Baltasar Gracián*

운명의 철퇴도 늘 상처 부위만 내리친다.

그러니 고통이나 기쁨의 원천이

어디에 있는지

절대 알려선 안 된다.

# 상처를
# 드러내야 할까?

040

## 적이라고
## 해롭기만 하랴

적을 이용하라.
어떤 것이든 꽉 붙들어 휘두를 줄 알아야 한다.

현명한 사람은 우둔한 자가 친구들에게서 얻는 도움보다
더 큰 도움을 적에게서 얻는다.
자신을 향한 적들의 원한을 동력으로 삼아
오히려 수많은 난관을 뛰어넘는다.

때때로 적의 비판은 친구의 칭찬보다
더 믿을 만하기 때문이다.

*wisdom to see the world*

*Baltasar Gracián*

 041

## 혼자만 좋으면 무슨 소용

남들에게 미움받으면서
자기 혼자 만족하는 것이 무슨 소용이겠는가.
자기만족이 너무 큰 사람들은
남들을 만족시키지 못한다.

혼잣말은 멍청한 짓이요,
남들 앞에서도 자기 목소리만 들으려 하는 것은
두 배로 멍청한 짓이다.

*Baltasar Gracián*

 042

## 불행을 함께 나눌
## 누군가

불행을 함께 감당해줄 사람을 찾아라.

똑똑한 의사는 환자를 치유하는 데 실패할지라도

자문을 맡아줄 친구,

나아가 관을 밖으로 지고 갈 친구를

늘 곁에 두는 데는

절대 실패하지 않는다.

*Baltasar Gracián*

 043

## 잘났으면
## 얼마나 잘났으랴

누구나 자기가 잘난 줄 착각에 빠져 산다.

그런 착각은 고통의 원천이다.

언젠가는 거짓 없는 진실이 환상을 깨뜨리기 때문이다.

과녁을 적중시키기 위해

활을 조금 치켜드는 것은 괜찮지만,

화살이 과녁과 상관없는 엉뚱한 곳으로 날아갈 정도로

높이 치켜들어서는 안 된다.

*wisdom to see the world*

*Baltasar Gracián*

 044

## 화를
## 멈추는 방법

성을 내기 전에 이성적으로
한 번 더 생각하는 습관을 들여라.
반드시 화를 내야 할 상황이라면
우선 내가 화난 상태임을
상대방에게 똑똑히 알려줘야 한다.
그렇게 함으로써 자기감정을 조절할 수 있다.
이제 어느 수준까지 화를 낼지를 결정하라.
일단 판단이 섰으면 그 선을 넘어서는 안 된다.

달리기에서 가장 어려운 일은 멈추는 것이다.

*Baltasar Gracián*

 045

## 지루한 사람이란

정면은 그럴듯하나
보이지 않는 곳은 짓다 만 집처럼
어수선한 자들이 있다.
그 집의 입구는 궁전 같으나
거실은 헛간에 다름 아니다.
잠시만 함께해도 지루하기 짝이 없다.

생각의 강이 깊지 않으니,
할 말이 이내 고갈되는 것이다.

*Baltasar Gracián*

 046

## 상처를
## 드러내야 할까?

상대에게 상처 난 손가락을 보여주지 말라.
그 상처가 드러난 순간,
모두 동정하기는커녕 그곳만 공격해댈 것이다.

운명의 철퇴도 늘 상처 부위만 내리친다.
그러니 고통이나 기쁨의 원천이 어디에 있는지
절대 알려선 안 된다.

*Baltasar Gracián*

 047

## 불평꾼의 실체

불평꾼이 되어서는 안 된다.

고귀한 정신의 소유자를 보라.
그들은 일이 실패로 돌아간 원인을 직시한다.
혹시 그 이유를 찾지 못하더라도
그들은 불평하지 않고
이를 가볍게 무시해버린다.

*Baltasar Gracián*

048

# 매사
# 유언처럼 한다면?

못다 한 말을 내뱉을 시간은 얼마든지 있지만
이미 내뱉은 말을 주워 담을 시간은
절대 주어지지 않는다.
그러니 말할 때는 유언을 남기듯 해야 한다.

은밀한 침묵 속에는 신의 위력이 숨어 있다.

*Baltasar Gracián*

 049

## 비밀은
## 듣지도 말하지도

남에게 비밀을 털어놓지 말라.
그러면 그 사람에게 끌려다닐 수밖에 없다.

남의 비밀을 듣지도 말고,
나의 비밀을 털어놓지도 말라.

*Baltasar Gracián*

050

# 우정은
# 환기구다


좋은 친구와의 우정은
돈독한 관계를 만드는 것보다
유지하는 것이 더 중요하다.

오랫동안 우정을 나눌 친구를 선택하라.
친구가 없어 고독한 것보다 더 슬픈 일은 없다.
우정은 좋은 것을 두 배로 불리고
나쁜 것을 반으로 나눈다.

우정은 불행에 대비하는 가장 좋은 수단이자
영혼을 자유로이 숨 쉬게 해주는 환기구이다.

*wisdom to see the world*

*Baltasar Gracián*

 *051*

## 독이 없으면
## 해독제도 필요 없다

들어서 도움 될 게 없는

나쁜 소식이라면

듣지도 전하지도 말라.

독이 없으면 해독제도 필요하지 않은 법.

*Baltasar Gracián*

 052

# 험담은
# 듣는 귀가 몇 개?

내가 험담을 늘어놓을 때
그것을 듣는 사람은 여러 명이고 나는 단 한 명이다.

나쁜 일에 기뻐하지 말고,
그 일을 내 말의 주제로도 삼지 말라.
중상모략을 하는 자는
늘 미움의 대상이 된다.

*wisdom to see the world*

*Baltasar Gracián*

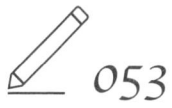
053

# 오늘의 친구가
# 내일은 적

온전히 사랑하지도, 온전히 증오하지도 말라.

오늘의 친구가 내일의 적,

그것도 숙적이 될 수 있음을 명심하라.

딱 그만큼의 신뢰만 주어야 한다.

적을 향해서는 타협의 문을 조금 열어두라.

*Baltasar Gracián*

054

## 잃을 것이 없는
## 사람과는

잃을 것이 없는 자와의 다툼에 휘말려서는 안 된다.
몇 해에 걸쳐 쌓은 공든 탑이
한순간에 무너질 수 있다.

신중히 결정한 다음 싸움에 임하고
적절한 때 퇴각하여 명예를 보전할 여지를 남겨두라.

*Baltasar Gracián*

055

## 벨기에 사람의 끈기

의지박약은 대개 조급함에서 비롯된다.
시작부터 힘을 다 써버려
아무것도 마무리하지 못해서는 안 된다.

에스파냐인의 단점은 조급함이고,
벨기에인의 장점은 끈기다.

*Baltasar Gracián*

# 056

## 고집은
## 감정의 소산

인생에서 고집이 도움 되는 경우는 거의 없다.
고집에서 비롯된 행동은 절대로 삼가야 한다.

모든 종류의 고집은
정신이 기형적으로 표출되는 것이요,
일을 절대 올바른 방향으로 끌어간 적이 없는
감정의 소산이다.

*Baltasar Gracián*

 057

## 나를 지배하는
## 평화

평화롭게 오래 사는 것이야말로
내가 살고 남이 사는 길이다.
평화주의자들은 의미 없이 살지 않는다.
그들은 스스로를 지배하며 산다.

무언가를 듣고, 보고, 침묵하라.
유쾌하게 오래 사는 건 두 번 사는 것과 같다.

*Baltasar Gracián*

위대한 아우구스투스는 뛰어난 제후가 되기보다는
훌륭한 인간이 되는 것에 더 큰 명예를 걸었다.
고결한 인품은 바로 그런 데서 기인한다.


근거 있는 자신감을 가져라.

# 인품이
# 직위를 능가하도록

## 058

## 명중이
## 중요하랴

백 번 명중시키는 것보다
한 번 빗맞히지 않는 것이
더 중요하다.

*Baltasar Gracián*

## 059

# 완전히 충족시키지
# 말라

사람은 갈증을 해소하고 나면
우물에 등을 돌린다.

황금 접시 위에 놓였던 오렌지는
즙을 짜고 나면 쓰레기통 속으로 버려진다.

최고로 지혜로운 이는
사람들에게 기대를 심어주되
그 기대를 완전히 충족시켜주지 않는다.

*Baltasar Gracián*

060

## 장점을,
## 장점만

다른 사람을 높이 살 줄 알아야 한다.
누구나 나에게 가르침을 줄 수 있다.

현명한 이는 누구를 대하든
그들의 장점을 파악해낸다.
반면 어리석은 자는 단점만 발견해내어
그들을 멸시한다.

*Baltasar Gracián*

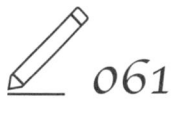

061

## 취향의 역할

고결한 취향은
인생 전체에서 양념 역할을 한다.

*Baltasar Gracián*

 062

## 마음의 소리가
## 들려주는 말

마음의 소리를 귓등으로 듣고 흘려서는 안 된다.

마음의 소리야말로 가장 중요한 것이 무엇인지

미리 알려줄 때가 많기 때문이다.

마음의 소리는 자기가 자신에게 전달하는

일종의 계시다.

*Baltasar Gracián*

 063

## 나쁜 친구는
## 없다

친구는 또 다른 자신이다.

나쁜 친구, 멍청한 친구란 없다.

친구의 가치는

내가 그에게 무엇을 기대하느냐에 따라 달라진다.

호의를 베푸는 것보다

더 강력한 위력을 발휘하는 마법은 없다.

*Baltasar Gracián*

 064

## 쉬운 사람이
## 돼라

다가가기 어려운 사람이 되어서는 안 된다.
친구들에게 마음의 문을 열어라.

내가 친구에게 만족감을 드러낼 때,
나아가 그의 신용과 지성을 높이 평가할 때
친구는 내게 충고와 비판을 할 수 있다.

*Baltasar Gracián*

 065

## 내 행운의
## 별은

행운을 하나도 타고나지 않을 만큼
불행한 사람은 없다.

자신에게 주어진 행운과 재능이
무엇인지 알아야 한다.
그리하여 그 행운의 별을 따르고, 갈고닦고,
내 행운의 별을 다른 별과 착각하지 말아야 한다.

*Baltasar Gracián*

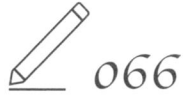 066

## 받고 싶은 만큼 베풀라

호의를 얻고 싶으면
호의를 베풀어라.

예의 바른 태도는
위대한 자들이 활용하는
정치적 마술 중 최고봉이다.

*Baltasar Gracián*

## 067

## 예의는
## 과할 정도로

예의는 모자란 것보다

과할 정도로 갖추는 편이 백번 낫다.

상대방을 존중하라.

그러면 나도 존중받는다.

예의와 명예가 우리에게 주는

가장 큰 소득은

그걸 갖추는 사람에게 되돌아온다는 것이다.

*wisdom to see the world*

*Baltasar Gracián*

068

## 인품이
## 직위를 능가하도록

인품이 나의 직위를 능가하도록 하라.

위대한 아우구스투스는 뛰어난 제후가 되기보다는
훌륭한 인간이 되는 것에 더 큰 명예를 걸었다.
고결한 인품은 바로 그런 데서 기인한다.

근거 있는 자신감을 가져라.

*Baltasar Gracián*

 069

# 앞서 오는 것은
# 거짓이다

첫인상의 노예가 되지 말라.

앞서 오는 것은
늘 거짓말임을 명심하라.

처음에 매달리다 보면
나중에는 진실이 들어설 자리가 없게 마련이다.

*Baltasar Gracián*

 070

## 호의를 얻으면 만사형통

애정과 호의를 얻으면
호평이 자연스레 뒤따른다.
호의는 매사를 수월하게 만들고 보완한다.

긍정적 자질을 꼭 갖춰야만
호의를 얻을 수 있는 것은 아니다.
오히려 누군가에 대해 일단 호의를 품으면
그가 긍정적 자질들을 지니고 있다고 절로 믿게 된다.

*Baltasar Gracián*

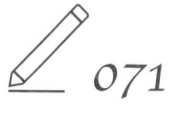 071

## 차라리
## 남과 어울리는 바보가

혼자 동떨어진 채

현자가 되는 것보단

남들과 어울리며

함께 바보가 되는 것이 낫다.


때로는 무지한 사람

혹은 무지한 척하는 것이

가장 현명한 처사다.

*Baltasar Gracián*

 072

## 차라리
## 입을 다무는 편이

아는 게 거의 없다면
확실한 것에만 입을 열어라.
이미 입증된 확고한 사실에만 나서라.

아는 것이 많지 않을 때는
이게 좋은 방법이다.

*Baltasar Gracián*

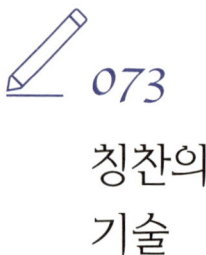

073

## 칭찬의
## 기술

그 자리에 없는 사람을 칭찬함으로써

그 자리에 있는 사람들도

칭찬받을 행동을 하게 만들어라.

이렇게 하면

결국 양쪽 모두에게 신망을 얻을 수 있다.

*Baltasar Gracián*

 074

## 전부 다
## 말하지 말라

거짓말하지 말라.

그러나 진실을 모두 말하지도 말라.

진실이라고 해서

꼭 모두 다 말할 필요는 없다.

어떤 진실은

우리 자신을 위해,

어떤 진실은

상대방을 위해 감추어야 한다.

*wisdom to see the world*

*Baltasar Gracián*

075

# 항상
# 여지를 남겨라

항상 희망의 여지를 남겨두라.
그래야 행복 속에서
불행을 느끼지 않을 수 있다.
더 이상 바랄 게 없어지면
모든 것이 두려워진다.

두려움은
희망이 끝나는 곳에서 시작된다.

*Baltasar Gracián*

힘으로 안되는 일이라면

머리로 처리하라.

용맹의 넓은 길로 갈 수 없다면

총명함의 좁은 길을 택하라.

여우털이라도
뒤집어쓰라

 076

## 행복으로 가는
## 방법

행복에도 일종의 규칙이 있다.
행복에 이르려면 노력이 뒷받침되어야 한다.

행운의 여신의 신전 앞에서
그저 문이 열리기만 기다리는 자들이 있는가 하면,
대담히 여신에게 다가가
스스로 기회를 만들려는 이들도 있다.
후자가 더 뛰어남은 자명하다.

*Baltasar Gracián*

 077

## 아름다운 퇴장

아름답게 물러나는 것은
대담한 공격만큼이나 가치 있는 일이다.

충분히 얻었다고 생각될 때,
꽤 많이 얻었다 싶을 때
그 성과를 안전한 곳으로 대피시켜야 한다.

단맛과 신맛이 동시에 나는 것이 일상적이다.

*Baltasar Gracián*

 078

## 어리석은 사람의
## 일처리 순서

어리석은 자는

마지막에 가서야 처음에 할 일을 하려고 든다.

현명한 이는

어리석은 자가 마지막에 가서 하는 일을 처음에 한다.

현명한 이는 적당한 시기에 일한다.

*Baltasar Gracián*

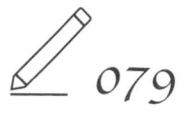 079

## 냉정과 절제
## 사이

냉정함을 유지하라.
냉정은 최고로 위대한 정신력이다.

자기 자신,
그리고 자신의 감정을 절제하는 것보다
더 뛰어난 절제는 없다.

*Baltasar Gracián*

 080

## 여우털이라도 뒤집어쓰라

사자의 가죽을 입을 수 없다면
여우의 털이라도 뒤집어쓰라.

계획을 용감하게 관철시키는 이는
절대 명예를 잃지 않는다.

힘으로 안되는 일이라면 머리로 처리하라.
용맹의 넓은 길로 갈 수 없다면
총명함의 좁은 길을 택하라.
그러고도 도저히 해낼 수 없는 일이라면
잊어버리는 게 상책이다.

*Baltasar Gracián*

 081

## 확신인가,
## 고집인가

어떤 것도 너무 확신해서는 안 된다.

어리석은 자들은 대개 지나친 확신을 지녔다.

지나치게 확신하는 자들은

모두 어리석다고 볼 수 있다.

판단력이 흐린 사람일수록 고집이 세다.

*Baltasar Gracián*

 082

## 나를 돌아보는 사람은
## 흔들리지 않는다

무지한 자에게나 어울릴 법한 변덕을 멀리하라.
위대하고 현명한 사람은
타인의 평판에 휘둘리지 않는다.

자기성찰은 지혜를 배양하는 학교다.
자기 개선의 출발점은 자기 인식이다.

*Baltasar Gracián*

 083

## 살피고
## 맞춰주라

상대방의 기분을 살피고

그 기분에 맞춰줄 줄 알아야 한다.

상대방에게 의지해야 하는 경우라면

이러한 사교 기술은 더더욱 필요하다.

*Baltasar Gracián*

 084

# 언제나
# 실패할 수 있다

단 한 번의 시도에
자신의 온 명예를 걸지 말라.

실패의 가능성은 어떤 일에나 있는 법.
첫 번째 시도에서 실패할 가능성은 더더욱 크다.
그러나 운이 따르는 날도 있는 법.
어쨌든 두 번째 시도는
첫 번째 시도와 꼭 연계시켜야 한다.

Baltasar Gracián

## 085

## 쉬운 일은
## 어려운 일처럼

쉬운 일은 어려운 일처럼,

어려운 일은 쉬운 일처럼 처리하라.

전자는 자신감에 들떠

경솔해지지 않기 위함이요,

후자는 미리부터 겁먹고

전의를 상실하지 않기 위함이다.

*wisdom to see the world*

*Baltasar Gracián*

 086

## 매사
## 경중을 따지라

한 귀로 듣고 한 귀로 흘려버려야 할 일을
가슴 깊이 담아두지 말라.

중대한 일은 거들떠보지 않고
아무것도 아닌 일에는
공을 쏟는 경우가 얼마나 많은가.

*Baltasar Gracián*

 087

## 그저
## 기다려야 할 때도

자그마한 돌멩이 하나로
연못이 진흙탕이 되었다면 가만두라.

갈등과 혼란이 일 때는
일이 그저 흘러가도록
두고 보는 것이 최상의 대책이다.

시간이 지나면 어차피 잠잠해질 것이다.

*wisdom to see the world*

*Baltasar Gracián*

088

# 혀는
# 잡아 가두기 어렵다

절제는 현명함의 확고한 증거다.

혀는 야생의 짐승과 같아서
한 번 풀어주면
다시 잡아 가두기 어렵다.

*Baltasar Gracián*

 089

## 부탁의 기술

부탁의 기술을 익혀라.

아무것도 거절하지 못하는 자들이 있는데,

그들에게는 만능열쇠를 쓸 필요가 없다.

사람들은 기분 좋을 때

기꺼이 호의를 베푼다.

*Baltasar Gracián*

 *090*

# 거절하는
# 기술

거절하는 기술을 익혀라.

모든 사람을 포용할 수 없는 만큼

수많은 요구를 다 받아들일 필요는 없다.

포용하는 기술을 익히는 것만큼이나

거절하는 기술을 익히는 것도 중요하다.

*Baltasar Gracián*

훗날 상여금을 지급해야 한다면

차라리 지금 가불해주어라.

이는 탁월한 지혜를 지닌 이들이

활용하는 비법이다.

# 호의를 베푸는 기술

091

## 행복할 때
## 불행할 때를

행복한 순간 불행에 대비할 줄 알아야 한다.

행복한 시절에는 굳이 애쓰지 않아도
환심을 얻을 수 있고 친구도 넘쳐난다.

훗날 모두가 내게 등 돌릴지 모를
불행한 시절을 대비해
그 가치들을 소중히 지켜라.

*wisdom to see the world*

*Baltasar Gracián*

092

# 비난 받는 것의
# 가치

이따금 비난을 받는 것도 일종의 명예이다.
특히 탁월한 이들을 비판하는 무리로부터
비난받음으로써 오히려 이름을 날릴 수 있다.

내가 하는 말과 행동이 모두를 두루 만족시킨다면
그것이 차라리 슬픈 일일 수 있다.
그 말과 행동이
어떠한 가치도 없다는 뜻이기 때문이다.

*Baltasar Gracián*

093

## 나에게
## 의존하게 하라

남의 약점을 잘 이용하라.
남의 약점은 매우 효과적인 도구가 된다.

인간은 손에 넣기 어려운 것일수록
더더욱 갈망한다.
내 목적 달성을 위해
남이 내게 의존하도록 만드는 기술은
얼마나 세련된 재주인가.

*Baltasar Gracián*

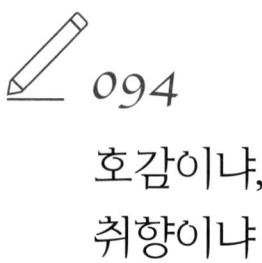

094

# 호감이냐,
# 취향이냐

대중의 호감을 사기 위해서는
때로는 체면도 포기할 줄 알아야 한다.

남들이 다 좋아하는 것이라면
자신의 취향이 아니어도
때때로 좋아해야 한다는 의미다.

그러나 어떤 일에서 늘 발을 빼기만 해서는 안 된다.
독단적 태도는
결국 나머지 모두를 비판하는 것이나
다름없기 때문이다.

*Baltasar Gracián*

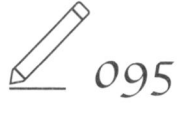 095

## 진짜
## 기품이란

모든 일에서 고결하고 자유로우며
편견 없는 기품을 지닐 수 있도록 노력하라.

이러한 자질은 재능을 구성하는 핵심이요,
한 인간을 꾸미는 최고의 장식품이다.

*Baltasar Gracián*

 096

## 아름다움도
## 가꾸지 않으면

아름다움은 가꾸지 않으면
지속되지 않는다.

아무리 완벽한 아름다움도
기술로써 그 품격을 높이지 않으면
야만의 상태일 수밖에 없다.

*Baltasar Gracián*

 097

## 매력의 효용

매력을 지니고 가꾸라.
매력은 지혜롭고 예의 바른 이가 행하는 마술이다.

자신의 유쾌한 성격을
이익을 얻는 데 쓰지 말라.
그보다는 호감을 얻는 데 더 많이 써야 한다.

*Baltasar Gracián*

 098

## 행간에 숨은
## 뜻

행간의 숨은 뜻을 이해할 줄 알아야 한다.
예측 능력도 필요하다.

가장 알고 싶어 하는 진실은
그 모습을 온전히 드러내지 않는다.
주의 깊은 자들만이
그 뜻을 완전히 이해할 수 있다.

*Baltasar Gracián*

 099

## 사람을 움직이는 기술

상대방의 동기를 찾아내
또 다른 사람의 의지를 움직이게 만들어라.

누군가를 효과적으로 자극할 방법을 알면
그의 의지를 움직일 열쇠를 손에 쥔 것과 같다.

*Baltasar Gracián*

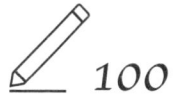 *100*

# 호의를 베푸는 기술

훗날 상여금을 지급해야 한다면
차라리 지금 가불해주어라.
이는 탁월한 지혜를 지닌 이들이 활용하는 비법이다.

상대방을 구속할 줄 아는 이들은
상대가 일하기 전에 미리 호의를 베푼다.

*Baltasar Gracián*

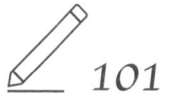 101

## 존경에서 나오는
## 애정을

애정은 신뢰를 동반하지만,
애정이 한 걸음 나아가면
존경심은 한 걸음 물러서곤 한다.

그러니 감정에서 비롯된 애정보다는
존경심에서 비롯된 애정을 얻는 데 힘써라.

*Baltasar Gracián*

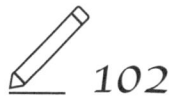 102

## 행복과 명성의 차이

행복은 질투심에 대항하는 수단이고,
명성은 망각에 대항하는 수단이다.

행복은 날 때부터 바라며 장려하는 것이고,
명성은 획득하는 것이다.

*Baltasar Gracián*

## 103

## 침착한 태도,
## 차분한 권위

성숙함은 외면보다는 고결한 내면에서
더 큰 빛을 발한다.
성숙한 이는 자신의 재능을 과시하지 않는다.

침착한 태도는 영혼의 얼굴이다.
어리석은 자들이 부리는 고집은 침착함이 아니다.

침착함은 차분한 권위 속에서 나온다.

*Baltasar Gracián*

 104

## 과시의
## 기술

완벽함의 대명사인 하늘도

기울기를 이용하여 태양과 조화를 이루고

자신을 과시하지 않던가.

위대한 이들은 뛰어난 공적을 담보로 삼아

첫 번째 박수를 얻고,

그 안에 다음번 박수에 대한 기대를 포함시킨다.

*Baltasar Gracián*

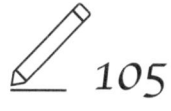 105

# 남들이
# 말하게 하라

겉으로 유능한 것처럼 보이려 하지 말고
진짜로 유능한 사람이 되어야 한다.

설령 남보다 뛰어난 재주를 지녔다고 하더라도
그것을 과시하지 말라.
조용히 행동만 하고
말은 남들이 하도록 두어야 한다.

*Baltasar Gracián*

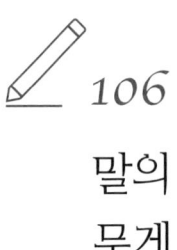 106

## 말의
## 무게

말이란 내뱉는 사람에게는
매우 가벼울 수 있지만,
그것을 받아들이고
저울질하는 사람들에게는
매우 무거워질 수 있다.

*Baltasar Gracián*

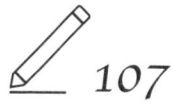 107

## 훈수하는 사람을
## 두라

흥분된 상태에서는 어떠한 행동도 삼가라.
그렇지 않으면 만사를 그르친다.

제정신이 아닌 상태에서
자기한테 이익이 될 행동을 할 사람은 거의 없다.
그렇기에 항상 이성적인 중재자를 옆에 둘 필요가 있다.
장기를 직접 두는 사람보다는
옆에서 훈수하는 사람이 더 많은 것을 보지 않던가.

*Baltasar Gracián*

108

## 존경심은
## 타인이 주는 것

자기 자랑을 할수록

상대의 존경심은 점점 사라진다.

존경심이란 남들에게서 비롯되는 것이다.

내가 원한다고 마음대로 취할 수 있는 게 아니다.

먼저 존경심을 살 행동을 한 다음,

남들의 존경을 바라야 한다.

자기를 존경해달라고 강요할 수는 없다.

*Baltasar Gracián*

그 어떤 계율도 아닌
자기 자신을 기준으로 삼아라.
강인한 판단력의 기준은
언제나 자기 자신이어야 한다.

# 기준은 나 자신

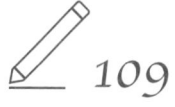
109

## 최고의 상태는 평정심

평정심을 유지하라.
지혜로운 사람이 반드시 갖춰야 할
한 가지 요소는 침착함이다.

자기 자신을 완벽하게 조절할 수 있어야 한다.
몹시 행복할 때도,
매우 불행할 때도
그 감정을 사람들에게 드러내서는 안 된다.

*Baltasar Gracián*

 *110*

## 숫자 0의
## 마법

이 세상은
숫자 영(零)과 같다.

혼자서는 아무것도 아니지만,
천국과 연계되면 많은 것을 의미한다.

*Baltasar Gracián*

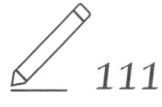 111

## 행복은
## 때이다

행복은 정해진 단계에 따라 실현되는 것이 아니기에
행복이 나타나는 과정을 배우고 익힐 수는 없다.

다만, 때를 기다리던 이들은
기회가 왔다고 생각되는 순간
담대하게 전진해 나아간다.

*Baltasar Gracián*

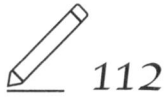 112

# 말은 명료하게,
# 생생하게

의사를 전달할 때는 두 가지를 명심하라.

명료하게 전달할 것,

생생하게 전달할 것.

의지에 강인한 결단력이 필요하다면,

지성에는 탁월한 표현력이라는 재능이 필요하다.

*Baltasar Gracián*

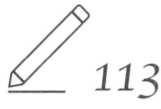
113

여행의
셋째 날은

인생이라는 여행 첫날에는

이미 세상을 떠난 이와 교감을 나누는 것이 좋다.

여행 둘째 날은

살아 있는 이들과 함께 보내라.

여행 셋째 날은

자기 자신과 함께 시간을 보내라.

*Baltasar Gracián*

 114

## 장광설과
## 논쟁 사이

흠집만 찾는 자가 되어서는 안 된다.
쓸데없이 많은 것을 아는 자는
튀어나온 바늘과 같아서 쉽게 부러지고 만다.

지성인이 되는 것은 옳지만,
수다쟁이가 되는 것은 옳지 않다.

장광설과 논쟁은 사촌지간이다.

*Baltasar Gracián*

## 115

# 물러설 줄 아는
# 사람

물러설 줄 아는 사람이 되라.

정도가 지나쳐서
득이 되는 경우는 전혀 없다.
특히 사람 사귐에서는 더더욱 그러하다.

*Baltasar Gracián*

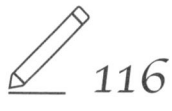 116

## 화살은
## 몸을 뚫지만

화살은 몸을 뚫지만
사악한 말은 영혼을 뚫는다.

말로 갚지 못할 것은 거의 없다.
말은 불가능한 것마저 가능하게 만든다.

*Baltasar Gracián*

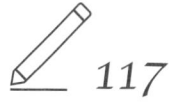
117

## 나를 욕하는 사람을
## 칭찬하라

자기를 비방하는 자들에 대해
좋게 이야기하는 것보다
더 칭찬받을 일은 없다.

내가 행복의 계단을 하나씩 오를 때마다
나를 시샘하는 자들의 목은 밧줄에 옥죄인다.

*Baltasar Gracián*

 118

## 사람을 볼 줄
## 안다는 것

사람의 인품을 잘못 판단하는
오류를 범해서는 안 된다.

물건의 품질보다는 가격에 사기당하는 것이 낫다.
물건을 고를 줄 아는 것과 사람을 볼 줄 아는 것,
똑같이 중요한 일이지만
두 가지의 경중은 비교할 수 없다.

*Baltasar Gracián*

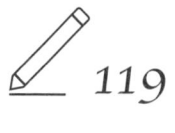 119

# 기준은
# 나 자신

늘 자기 자신을 엄격히 대하고 올바르게 처신하라.
이로써 그 어떤 계율도 아닌
자기 자신을 기준으로 삼아라.

강인한 판단력의 기준은
언제나 자기 자신이어야 한다.

*Baltasar Gracián*

불행은 연쇄적으로 일어난다.

그러니 하늘에서 오는 것들에 대해서는 인내심을,

땅에서 오는 것들에 대해서는

지혜를 발휘해야 한다.

불행은
홀로 오지 않는다

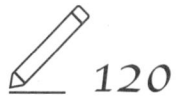
*120*

## 먼 미래를
## 근심하는 사람

매사에 심사숙고하라.

특히 어떤 일에서 가장 중요한 문제가 무엇인지를

깊게 생각하는 버릇을 들여야 한다.

어리석은 자들은

제대로 생각하지 않기에 자멸한다.

멀리 생각하고,

먼 미래를 근심하는 것이

지혜로운 이의 자세다.

*Baltasar Gracián*

### 121

# 차라리
# 혼자있으라

참을성을 발휘하면
값으로 따질 수 없을 만큼의 평화가 창출되고,
이는 행복한 세상으로 이어진다.

도저히 참을성이 발휘되지 않고
세상에 참아줄 수 있는 사람이 자신밖에 없는가?
그럴 때는 차라리 혼자 있는 편을 택하라.

*wisdom to see the world*

*Baltasar Gracián*

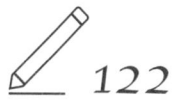 122

## 불행은
## 홀로 오지 않는다

아무리 사소해 보이는 불행이라도
과소평가해서는 안 된다.
불행은 홀로 오지 않기 때문이다.

행운과 마찬가지로
불행은 연쇄적으로 일어난다.
그러니 하늘에서 오는 것들에 대해서는 인내심을,
땅에서 오는 것들에 대해서는 지혜를 발휘해야 한다.

*Baltasar Gracián*

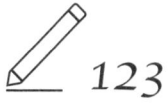 123

## 물건을 소유하는
## 성가심

반드시 내 소유로 삼을 필요는 없는 것들이 있다.

물건을 소유한다는 것은
기쁨을 높이기도 하지만
걱정을 높이기도 한다.

물건은 빌려줄 때도 걱정이요,
빌려주기 싫을 때도 걱정이다.

*Baltasar Gracián*

 124

# 말없이,
# 남들이 알아채게

어떤 일을 성공적으로 수행했을 때
그 일에 쏟은 공을 굳이 드러내지 말라.
남들이 알아차리게 하라.

현명한 이는 자신의 장점을
절대 아는 체하지 않는다.
이로써 오히려 남들의 이목을 끌 수 있다.

*Baltasar Gracián*

 125

## 베개는
## 말 없는 예언자

세심한 이들에게 불의의 사고란 거의 없다.
주의 깊은 이들에게 뜻밖의 위험이란 거의 없다.
그러니 늪에 목이 잠길 때까지
생각을 미뤄서는 안 된다.

베개는 말 없는 예언자다.
베개를 베고 눈 감은 채로 고민하는 것이
나중에 눈뜬 채로 한탄하는 것보다 낫다.

*wisdom to see the world*

*Baltasar Gracián*

## 126

## 진실한 것은
## 늘 깊은 곳에

사물의 본질이

겉보기와는 영 딴판일 때가 많으니

속을 들여다보아야 한다.

진실하고 올바른 것은

늘 깊은 곳에 감춰져 있게 마련이다.

*Baltasar Gracián*

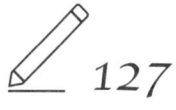 *127*

## 너무 많은 증거가
## 필요한 일은

그릇된 일은 오래가지 못한다.

많은 것을 약속하는 것 자체가
의심의 대상이다.

너무 많은 증거로 뒷받침되어야 하는 건
결코 올바른 것일 수 없다.

*Baltasar Gracián*

128

## 쓸모 없는
## 지식이란 없다

현명한 이는 상인들에게서 배울 점을 찾는다.

아무짝에도 쓸모없는 지식이란 없다.
그리고 오늘날 가장 참된 지식은
바로 살아가는 방법을 익히는 것이다.

*Baltasar Gracián*

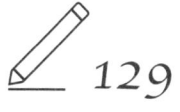
## 129
## 행복한 퇴장이
## 중요하다

행복한 퇴장에 더 신경을 써야 한다.

퇴장하는 이를
행복이 현관까지 배웅하는 경우는 거의 없다.
들어올 때 예의 바르게 맞이했더라도
나갈 때는 차가운 태도로 무시해버리는 것이
바로 행복이다.

*Baltasar Gracián*

## 130

## 올바른 순서는
## 진리다

인생의 마지막에 해야 할 일을
처음에 하는 식의 오류를 범하지 말라.

배움에서나 삶에서나
올바른 순서를 따르는 것이 중요하다.

*Baltasar Gracián*

*Baltasar Gracián*

*wisdom to see the world*